チョンマルブック-2

チョンマルブック-2
モクジ

- **P4** チョナン・カンの勉強法
- **P6** チョナン式 ハングル・マスター術-1
- **P10** チョナン式 ハングル・マスター術-2

P12 ハングルmoreフレーズ-1

P28 チョナン・カンのハングルナビ-1
サプライズ編

- **P40** チョンマルワンポイントレッスン-1

P42 チョナン・カンのハングルナビ-2
出会い編

- **P60** チョンマルワンポイントレッスン-2

P62 ハングルmoreフレーズ-2

P72 **チョナン・カンのハングルナビ-3**
街角編

P92 チョンマルワンポイントレッスン-3

P102 チョナン式ハングル・マスター術-3

P110 **チョナン・カンのハングルナビ-4**
エンタメ編

P128 チョンマルワンポイントレッスン-4

P130 **ハングルmoreフレーズ-3**

P138 チョナン・カンのハングル上達術

P140 チョンマル キソフレーズ!

P142 メザセ! トライリンガル!!

※本書で紹介している韓国語フレーズの文末、色が薄くなっている文字（主に『ヨ』）は、付けるとていねいな言葉に、はずとカジュアルな表現になることを示します。

チョナン・カンの勉強法

1.
好きな言葉を
くり返してみる

チョナンの好きな言葉は「サランヘヨ(愛してる)」。言葉の意味だけじゃなく、その響きもきれいな感じがして好き。そんなふうに一つずつ、自分の中に残る言葉を集めていけば、自然にハングルが身につくよ。

2.
おもしろい言葉を探して
使ってみよう

日本語みたいな響きが意外に多いハングル。気に入ったフレーズに出合ったら、さっそく使ってみよう。親しくなった友達に電話で「ナンデヨ(僕だけど…)」。突然何かを頼まれて「ムリエヨ(無理です)」。…ね！

チョナン・カンの活躍でハングルがますます身近になった。どうしたら話せるようになるか、大事なポイントをリピート！

3.

焦らずに！

韓国語には、日本語にない発音がたくさんある。すごく難しい。完璧に発音できるまでには、かなり時間がかかることもあるよ。それでも焦らなくて大丈夫。毎日触れていれば、きっとハングルの語感がつかめるよ。

4.

気持ちを込めて話そう

チョナンが一番大切にしていること。それは、一つ一つの言葉の意味をきちんと把握して、気持ちを込めて言うこと。そうすれば、必ず気持ちが通じる。友達もたくさんできるはず。じゃ、『ファイティン（頑張って）』。

チョナン式 ハングル・マスター術-1
これだけは覚えておこう → チュセヨ&ジュセヨ

「チュセヨ」でのりきるハングル

ハングルの便利ワードナンバーワンといえば、この「チュセヨ」。英語で言うなら「please」の意味、何かをお願いするときに使うと便利な単語だ。一番簡単な使い方は、名詞の後に「チュセヨ」をつけて、"〜ください"。前に動詞がくる"〜してください"の場合は、「ジュセヨ」と発音が濁るので注意して使い分けよう。

一つください → ハナ チュセヨ
하나 주세요

これさえ知っていればとりあえず物は買えるという黄金フレーズ。「ハナ」は「一つ」の意味。「1個ください」なら「ハンゲ チュセヨ」。

これ、ください → イゴ チュセヨ
이거 주세요

メニューを指すだけじゃなく、ひと言つけ加えたいこの言葉。ちなみに「それ」は「クゴ」、「あれ」は「チョゴ」。距離の違いで使い分けよう。

メニューください → メニュ チュセヨ
메뉴 주세요

食堂に入ったら、アジュムマ（おばさん）に向かって元気よくこう言おう。韓国の料理屋さんは専門店が多いので、メニューの数が少ないところが多いそう。

同じものください → カトゥンゴルロ チュセヨ
같은 걸로 주세요

隣のテーブルが食べてるあれ、名前がわからないけれど食べたい！ そんなときには指さしながらこう言えばOK。ルの発音は、巻き舌っぽくね。

チョナンも真っ先に覚えたのが、このフレーズ。あとは知っている単語の数を増やしていくだけ。さ、やってみよう！

半分ください → パンマン チュセヨ
반만 주세요

直訳すると「半分だけください」。キムチの計り売りをしてもらうときなどに、便利なフレーズ。市場などでたくさん入れられそうなときに、ぜひ使って。

おかわりください → ハナ ド チュセヨ
하나 더 주세요

この直訳は「もう一つください」という意味。「スプーンもう一つください」なら、『スッカラク(スプーン) ハナド チュセヨ』でOK。

電話してください → チョナ チュセヨ
전화 주세요

『チョナ』が「電話」の意。「明日電話して」だったら『ネイル チョナ チュセヨ』。「携帯電話」のことは「ヘンドゥポン」と言うんだって。

待ってください → キダリョジュセヨ
기다려 주세요

『キダリョ』が「待って」、つまり動詞。だからその後が『ジュセヨ』と濁るのです。食堂で注文をせかされたら、『キダリョジュセヨ！』とひと言！

降ろしてください → ネリョジュセヨ
내려 주세요

タクシーで、ロッテ百貨店で降りたいときには、『ロッテペクァジョメソ ネリョジュセヨ』。荷物を降ろしてほしいときにも使えるよ。

チョナン式 ハングル・マスター術-1
これだけは覚えておこう → チュセヨ&ジュセヨ

紹介して ください
→ **ソゲヘジュセヨ**
소개해 주세요

「紹介」は名詞でも「して(へ)」が動詞なので、「ジュセヨ」になるよ。彼がいないときは、『ナムジャチング ソゲヘジュセヨ!(男友達紹介してよ!)』で問題解決!?

早くして ください
→ **パルリ ヘジュセヨ**
빨리 해 주세요

会計や注文など、相手に急いで何かをしてほしいときに使う。タクシーで急いでほしいときには、『パルリ カジュセヨ(急いで行ってください)』。

おまけして ください
→ **トムロ チュセヨ**
덤으로 주세요

実は今の韓国では、市場などでも昔ほど値切る習慣がなくなっているそう。『サゲヘジュセヨ(安くしてください)』より、こっちがベターかも。

辛くして ください
→ **メプケ ヘジュセヨ**
맵게 해 주세요

もともと辛い韓国料理、これを言える人は相当辛いもの好きだね。逆に「辛くしないでください」だったら『トル メプケ ヘジュセヨ』でOK。

見せてください
→ **ポヨジュセヨ**
보여 주세요

見たいものが明確なら前につけよう。「雑誌を見せてください」は『チャプチ ポヨジュセヨ』、「コレ見せてください」は『イゴ ポヨジュセヨ』。

歌、教えてください

→ **ノレ カルチョジュセヨ**
노래 가르쳐 주세요

『ノレ』が歌で『カルチョ』が「教えて」。「メールアドレス教えてください」は『メイル ジュソルル カルチョジュセヨ』。友達になったら言ってみて。

道を教えてください

→ **キル カルチョジュセヨ**
길 가르쳐 주세요

行きたい場所の名前は一番前につける。「ロッテ百貨店への道を教えてください」のときは、『ロッテペクァジョム カヌン キル カルチョジュセヨ』。

任せてください

→ **マッキョジュセヨ**
맡겨 주세요

「僕に任せてください！」と男らしく言うならば、『ナハンテ マッキョジュセヨ！』。反対に「任せましょう」なら『マッキルケヨ』のひと言だけ。簡単！

聴かせてください

→ **トゥルリョジュセヨ**
들려 주세요

「チョナンさん、歌を聴かせてください」だったら『チョナンシ ノレ トゥルリョジュセヨ』。聞かせてほしい目的語を、トゥルリョジュセヨの前に言ってみよう。

約束してください

→ **ヤクソケジュセヨ**
약속해 주세요

「約束（ヤクソク）」と「して（『へ』）」がつながると発音が少し変わるよ。「約束します」なら『ヤクソカルケヨ』。

チョナン式ハングル・マスター術-2
ついでにこれも覚えておこう → プタケヨ

「プタケヨ」でのりきるハングル

『プタケヨ』は韓国語におけるもう一つの「please」、こちらの意味は「お願いします」。相手に何かをしてもらいたい、という気持ちの言葉で、日本語の「お願いします」同様、使い方によって意味の広がりがある言葉だ。『チュセヨ』『ジュセヨ』に言い換えて使うことも可能なので、韓国の人は多用しないらしいけれど、言い換えできないケースもある。気をつけて。

予約お願いします **イェヤク プタケヨ**
예약 부탁해요

最近はインターネットで予約を受けるところもあるようだけど、人気のお店は必ず電話して!「もしもし」は「ヨボセヨ」だよ。

荷物お願いします **チム プタケヨ**
짐 부탁해요

ホテルや空港で活躍するフレーズ。チップの制度は日本と同様にないけれど、『カムサハムニダ(ありがとう)』の気持ちを忘れずに。

急いでお願いします → **パルリ プタケヨ**
빨리 부탁해요

韓国の人に『チョンチョニ(ゆっくり)』という文字はない!? 郷に入れば郷に従え…だから『パルリ(早く)』はぜひ覚えておこう!

ルームサービスお願いします **ルムソビス プタケヨ**
룸서비스 부탁해요

日本の外来語は韓国では通用しないよ。「コーヒー」は「コピ」、「ハンバーガー」は「ヘムボゴ」。似ているような気がするけどね。

知っていると便利なフレーズはまだまだあるよ。単語を変えるだけで、何にでも使えちゃう基本のフレーズは、ぜひ覚えておこう。

二人分お願いします　→　**イインブン プタケヨ**
이인분 부탁해요

韓国でも人やモノの数え方にはバリエーションがあるので気をつけよう。ちなみに「一人分」は「イリンブン」だよ。

明日もお願いします　→　**ネイルド プタケヨ**
내일도 부탁해요

来週もというときには『タウムチュ(来週) プタケヨ』。ちなみに「来月」は『タウムタル』、「来年」は『ネニョン』だよ。

ここにお願いします　→　**ヨギエ プタケヨ**
여기에 부탁해요

「ここにね」くらいのニュアンスだったら『ヨギヨ』でOK。「あそこにね」の場合は『チョギヨ』を使ってみて。

NGフレーズ

『チュセヨ』と『プタケヨ』、日本語と同じで、言い間違えると妙な具合になるよ！ 要注意。

ルームサービスお願いします　→
× **ルムソビス チュセヨ**
룸서비스 주세요
○ **ルムソビス プタケヨ**
룸서비스 부탁해요

明日もお願いします　→
× **ネイルド チュセヨ**
내일도 주세요
○ **ネイルド プタケヨ**
내일도 부탁해요

ハングル
moreフレーズ-1

もう20回くらい韓国に行っているけれど、そのたびに新しい発見があるよ。知らない言葉もまだまだたくさんあって、毎日が勉強。気になった言葉はすぐに周りの人に聞いて、教えてもらうようにしてるんだ。メモもできるだけ取るようにしていて、日本に帰るとノートに写したりね。とにかく続けることが大事かなと思って…。

○ 「昨日、お酒飲んで大暴れしたよね」と
翌朝友達に言われてひと言！

記憶にない！

○ 見慣れぬソウルの街をウロウロ…
迷ったときに友達にひと言。

地図、ある？

○ サウナから出たり、冷えた飲み物を飲んだり。
スッキリしたときに使いたいひと言。

さっぱりー

キオギ アンナョ!
기억이 안 나요!

「キオク」が日本語の「記憶」。英語と一緒で次に続く言葉とつなげて発音すると、ネイティブっぽいよ。ちなみに「キオケヨ」は「覚えてるよ」。

チド イッソョ?
지도 있어요?

「イッソヨ」で「ある」の意味。結構入り組んでいるソウルの街は、地図があってもわかりづらいとか。本屋さんで地図が買いたいときにも使えるフレーズ。

シウォネー
시원해

「すっきりした〜」とか「気分いい〜」とか、そんな気持ちのいいニュアンスを表す言葉。体がシャキッとしたときにもぜひ使ってみて。

○　焼き肉ばかり食べている友達にひと言。

運動しなきゃ

○　厳寒の仁川空港に降り立ったチョナン。
　　タラップを降りるなり口をついて出た言葉は…。

超寒い！

○　待ち合わせに遅れてきた友達が、
　　向こうから一生懸命走ってくる姿を見てひと言。

来た来た

ウンドンヘヤドェ
운동해야 돼

「〜しなきゃ」というときは、したいことの後に『ヘヤドェ』をつけて。軽い命令の意味になるから、目上の人には使わないほうがベター。

ノム チュウォヨ！
너무 추워요!

『ノム』は「超」とか「すごい」とかの意味。ほかに同じ意味を表す言葉として、『トェゲ』『ムジ』など。『トェゲ チュウォヨ』とも言えるね。

ワッタ ワッタ
왔다 왔다

この言い方は、友達同士向き。相手の人が目上の場合は、「いらした、いらした」という意味で「オショッソヨ オショッソヨ」と敬語にしよう。

○ 仕事中、急に呼び止められたチョナン。
ちょっと余裕がなければこう言おう。

忙しいです

○ おみやげを買うために、南大門市場を駆け回る
チョナンを見てひと言。

行ったり来たり

○ アカスリで全身をこすられ、
恍惚状態になったらこう言ってみて。

気持ちいいですね

パッパヨ
바빠요

もう少し強い言い方をするなら、「ナ チグム パッパヨ(私今、忙しいんです)」。逆に「ヒマだよ〜」と言うのなら「ハンガヘヨ」。

ワッタガッタ
왔다 갔다

あちこち落ち着きなく動き回るってこと。「ハングックァ イルボヌル ワッタガッタ ヘヨ」だと「韓国と日本を行ったり来たりする」という意味。

キブン ジョアヨ
기분 좋아요

「キブン」は日本語の「気分」、似てる言葉は覚えやすいよね。相手に「気持ちいいですか?」と聞くときには、「キブン ジョウセヨ?」。

○ 大好きなあの子にデートの誘いをかけたら、
うなずいてくれた！もう一回念押しするなら。

約束だよ!

○ 覚えたてのハングルで挨拶することに。
ドキドキしている人にひと言！

緊張しないでね

○ 遠い焼き肉食堂まで歩いていくことに。
友達に「まだ?」と聞かれたら、

まだまだだよ

ヤクソケヨ!
약속해요!

「約束」も漢字なので読み方が似ているね。相手にさらに強く約束させたいときは、『ヤクソク オギジマ(約束破るなよ)』と言っておこう。

キンジャンハジ マセヨ
긴장하지 마세요

「〜マセヨ」は「〜しないで」という禁止の意味。例えば恋人に「浮気しないでね」と言いたいならば、『パラム(浮気) ピウジ マセヨ』!

アジク モロッソヨ
아직 멀었어요

直訳すると「アジク」は「まだ」、「モロッソ」は「遠い」。実力がまだまだってときに使ってもOK。道が遠いときには「モロヨ」。

○ ウォーカーヒルのカジノで、
スロットに7の目がそろったらガッツポーズでぜひ！

よっしゃ!

○ 「チョナン・カンって、SMAPのメンバー？」と
韓国の友達に聞かれたら、自信を持ってこう言おう。

当ったり!

○ 応援している野球チームが勝利した！
そんなときにひと言！

勝った!

チョアッソ!
좋았어!

徹夜でレポートをまとめあげたときはこう言おう。誰かが何かを成し遂げたときなどにもかけてあげたい言葉だね。

マジャッソヨ!
맞았어요!

ちょっとしたクイズとか質問に当たったときには『チョンダビエヨ』(正解です)と言うほうがいいみたい。

イギョッタ!
이겼다!

スポーツやゲームをする前にはやる気を見せて、『コク イギルコヤ(必ず勝つぞ)』と意気込もう。ちなみに「負けた」は『チョッタ』。

○ 「カラオケ行こうよ！」と誘われた。
でも実は僕・・・。

音痴なんです

○ 韓国語のレッスンをスタート。
「慣れてきた？」と聞かれてひと言。

少しね

○ 注文した料理と別のものがテーブルに。
友達と顔を見合わせて・・・。

まあいっか

ウムチエヨ
음치예요

韓国でももちろんカラオケ(『ノレバン』)は大人気。もし誰かにこう言われたなら、肩を叩いて『ケンチャナヨ!(気にすんな!)』って言ってあげて。

チョグムヨ
조금요

「仕事が少し増えてきました」は、『イリ チョグム マナジョッソヨ』。徐々に、というニュアンスなら『チョムジョム』があるよ。。

トェッソ
됐어

相手があわてていたら『トェッソヨ(まあ、いいですよ)』と言って、声をかけてあげよう。韓国はおおらかな国なので、なんでもこれで解決だ!

○ 長くかかった仕事がようやく終わった！
そんなときにひと言。

やった!

○ 想いを伝えたいけれどなかなか言えないとき、
こんなひと言から切り出してみよう。

正直・・・

○ 慣れないハングルで思いを伝えたのに、
どうにも相手がポカンとしているときにひと言。

意味わからない?

ヘネッタ！
해냈다！

やり通した、目標を達成した、というニュアンス。そう言われたら、「チャルヘッソヨー（よくがんばったね）」とねぎらってあげよう。

ソルチキ…
솔직히…

日本語の「正直」の読みとよく似てる。「正直に言うと…」なら、「ソルチキ マレソ…」。逆に「正直に言え！」だったら『ソルチキ マレ！』

ムスン マリンジ モルゲッソヨ？
무슨 말인지 모르겠어요？

「ムスン」が「何の」、「マリンジ」が「言葉なのか」、「モルゲッソ」が「わからない」の意味。「ムスン マリジョ？」は「何のこと？」って感じになるよ。

街中でハングルを耳にすると、自然と韓国モードになるんだ。韓国では日本にいるときとはまた違った解放感があるし、何よりチョナン・カンのことをたくさんの人が知ってくれているようで、うれしい。みんないろいろ声をかけてくれるけど、「韓国語、上手になったね」っていうのが、いまの僕には一番の褒め言葉かな。

○　　　　ショッピング中、人だかりに遭遇。
　　　　友達に教えてあげるときにひと言。

見て!

○　　　　人混みにさらに近づいてみたら、
　　　どうやら中には見覚えのあるスターが…!?

あの人!

ポァボァ!
봐 봐!

突然遭遇したり発見したときに使いたいひと言。人だけじゃなく、物でも使えるよ。『ポァボァ! ブルナッタ』で「見て! 火事だ」とかね。

チョ サラム!
저 사람!

上の単語と組み合わせて、『ポァボァ! チョ サラム チョナン・カン アニャ?(見て! あの人チョナン・カンじゃない?)』なんて使い方ができるよ。

○ 信号が赤なのに
突然走り出そうとした友達にひと言。

焦るな!

○ 気になる行列を発見！
もう少しそばで見てみたいときには。

行ってみよう

ソドゥルジマ！
서두르지 마!

「そんなに急ぐなよ」だったら『ノム ソドゥルジマ』。逆に「急げ！」と言うなら『ソドゥルロ』になるよ。

カボジャ
가 보자

英語で言う「レッツゴー！」と同じ。友達に、"一緒にやろう！"っていうときには『ヘボジャ』。「行かない？」と誘うなら『カボルレ？』。

○ 遠目にしか見えないけれど、
どう見てもあれはあの大スター。

信じられない…

○ 大好きなあの人のデート現場を目撃！

そんな!

ミドゥルス オプソ…
믿을 수 없어…

一人でつぶやくならこれでOKだけど、ていねいな表現にするなら『ミドゥルス オブソヨ』と文末に「ヨ」をつけよう。

ソルマ！
설마！

すぐには信じがたい出来事にこのひと言。妙な噂を耳にした場合に思わず口にするのは、『ソルマ アニゲッチ（まさか違うでしょう）』。

○ なんと目の前にはチョナン・カンが！
　信じられない！ってときにひと言。

マジ!?

○ とんでもない幸運に巡り合ったとき、
　口をついて出るのはこんな言葉。

超ラッキー!

チンチャ!?
진짜!?

使い方も意味も、日本の「マジ!?」と一緒。ほかに『チョンマル!?』を使ってもOK。
日本だと若い人しか使わない言葉だけど、韓国では老若男女ワードだ。

アッサ!
앗싸!

めちゃくちゃうれしいときに使う感嘆詞。「ラッキー」はハングルでは『ロッキ』と言うんだけど、実はあまり使わない言葉なので、これを使おう。

○　さて間近で見た本物のチョナン・カン。
　　その印象はもちろん…。

カッコイイ!

○　大好きなスターに遭遇できるなんて。
　　そんな超ビックリ体験をしたときにひと言。

夢みたい!

モシッタ!
멋있다!

応用するなら「チンチャ モシッタ(マジカッコイイ)」。韓国では美男子のことは「ミナム」。ちなみに「格好悪い」は「モドプタ」。

クムガテ!
꿈 같애!

「クム」は「夢」の意味。応用編として「夢みたいに幸せ」は「クムガチ ヘンボケ」。大好きな人とふたりきりになったときにも言えるセリフだね。

チョンマルワンポイントレッスン・1
エチケット&マナー

1. チョナン式会話術

韓国のテレビでインタビューを受けたり、韓国のVIPとたくさん知り合ってきたチョナン。「とても光栄なんだけど、毎回緊張しまくり。実を言うと会話やインタビューではわからない言葉が出てくることもあって(笑)。そんなときは…笑顔かな。とにかく、相手の方に失礼にならないような言葉を探したり、一生懸命気持ちを伝えようとはいつもしている。日本でも韓国でもそれは同じ。変わらないよ」。素直に気持ちを伝えることが一番なんだって。みんなも真似してみよう。

応援しています　→　**ウンウォンハルケヨ**
응원할게요

2. 人と接するときの心がまえ

韓国での人間関係においてとにかく大事なのは、年齢差。女性に年を聞くのは日本ではある意味タブーだけど、韓国では、まず最初に「いくつですか?」と聞くのは失礼なことではない。一つでも年上の人と接するときには、言葉遣いやふるまいなど、相手を敬って行動しなければならないから、年の把握が大事なのだ。基本的には年上の人の前ではお酒を飲む姿を見せてはいけないし、タバコを吸うのは失礼にあたるんだって。だから、今でも息子は、父親が来ると急いでタバコを消したりするらしい。
初対面の人には「アンニョンハセヨ(こんにちは)」と言って、まず握手。会話をしているときには相手の目をしっかりと見て、コミュニケーションを図ろう。

チョナンの自由自在でとっても自然なコミュニケーション術。
ちょっとしたコツがあったら教えてもらおう。

3. 憧れの俳優に出会ったら思い切って言ってみよう

大ファンなんです	→	**ヨルリョラン ペニエヨ** 열렬한 팬이에요
期待してます	→	**キデハルケヨ** 기대할게요
全部見てます	→	**タ ポァッソヨ** 다 봤어요
すごくうれしいです	→	**ノム キッポヨ** 너무 기뻐요
サインしてください	→	**サインヘジュセヨ** 사인해 주세요

チョナン・カンのハングルナビ・2
出会い編

韓国では上下関係がとても厳しいんだよね。言葉遣いにも結構気を使うし…。でも、それが逆に親しみを生み出している気がする。兄弟でも親戚でもないのに、一度親しくなると「ヒョン（兄貴）」とか「オッパ（お兄さん）」とか呼んでくれて。その辺は日本にはない感覚でしょ。なんだか、心がじわっと温かくなるんだよね。

○　ショッピング中、カッコイイ男の子に
　　声をかけられた！

お時間ありません?

○　知り合った友達ともっと仲良くなりたい！
　　相手のことを知るために、聞いてみよう。

趣味は何?

シガン イッソヨ?
시간 있어요?

「イッソヨ?」は丁寧な言い方で、「ありますか?」の意味。こう聞かれたら、時間があるときは「ネー」、ないときは「アニョ」と答えよう。友達同士だったら気軽に「シガン イッソ?」。

チュィミヌン ムォエヨ?
취미는 뭐에요?

一般的なところだと、「ウマッカムサン」で音楽鑑賞。映画なら「ヨンファ カムサン」。ちなみにゲームは「ケイム」と発音するんだよ。

○ 友達になった韓国人に、
「どこから来たの?」と聞かれたら。

東京から来ました

○ とってもスラリとした人を褒めるときには。

背が高いですね

トキョエソ ワッソヨ

도쿄에서 왔어요

かなり前は東京を『トンギョン』、「大阪」を『テパン』って言ってたんだって。でも今はほぼそのまま通じるらしいよ。

キガ クネヨ

키가 크네요

韓国では女性男性問わず、「背が高いですね」と声をかけるのは褒め言葉らしい。反対に、「背が低いですね」なら『キガ チャンネヨ』。

○　相手の年を聞いてひと言。

同い年です

○　夕食中、マッコルリを勧められたチョナン。
　　「お酒は好きなの?」と聞かれて。

僕はお酒が大好きです!

トンガビエヨ
동갑이에요

同じ年は「トンガプ」、漢字で書くと「同甲」。自分のほうが年上だったら「ヨンサンイエヨ(年上です)」、年下なら「ヨナイェヨ(年下です)」。

ナン スルル トェゲ チョアヘヨ!
난 술을 되게 좋아해요!

一番ポピュラーなお酒はメクチュ(ビール)よりソジュ(焼酎)。日本でおなじみのマッコルリは、本場韓国では置いていない食堂もあるんだとか。ちなみに最近人気なのは百歳酒。ペクセジュと読むこれは、薬酒の一種。

○ 一緒に食事に行くことになりました。
さていつ行きましょう?

明日はどう?

○ 旅行中の人と友達になった。
もう一回会いたいんだけど。

いつまでいるの?

ネイルン オッテヨ?
내일은 어때요?

この「オッテヨ」というのは「どうですか?」という意味。相手に調子や感想を求める言葉で、これを覚えておくと結構便利。例えば風邪をひいている人には「カムギ(風邪) オッテヨ?」で、「風邪はどう?」。

オンジェッカジ イッソヨ?
언제까지 있어요?

「いつまでソウルにいるんですか?」だったら、「オンジェッカジ ソウレ イッソヨ?」。もしそう聞かれたときは、「ウォリョイルカジ イッソヨ(月曜までいます)」、とか答えてみて。

○　　　　知り合ったばかりの人、
　　　　名字で呼ぶ? 名前で呼ぶ? 悩んだときは。

なんて呼べばいい?

○　　　　食堂に入ってメニューをチェック。
　　　　全部おいしそうだけど···。

何がいいかな?

オットケ プルミョン ドェヨ?
어떻게 부르면 돼요?

「オットケ」は「なんて」という意味。「チョナンと呼んでね」と答えるならば、「チョナニラゴ ブルロジョヨ」。

ムォガ チョウルカ?
뭐가 좋을까?

一人で悩んでつぶやくときにも使えるフレーズ。相手に聞くときやお店の人に、おすすめを聞くときは「ヨ」をつけてね。

○　　　　友達と別れるときにひと言。

またね!

○　　　再会を約束した友達、
　　　さてどこでもう一度会う?

同じ場所でね

ト ボァ!
또 봐!

直訳すると、「また会おうね！」という感じ。ほかに、『チャルガー（またね）』なんて言い方もあるよ。

カトゥン チャンソエソ
같은 장소에서

『チャンソ』が場所で、「〜で」を表すのが『エソ』。「ここでね」だったら『ヨギエソ』でOKだよ。

○　遊びに行く約束をしたいときにひと言。

休みはいつ?

○　相手に電話番号を教えてもらってひと言。

連絡するよ

シュィヌンナリ オンジェイェヨ?
쉬는 날이 언제예요?

韓国ではお休みの日のことを「ノヌン ナル（遊ぶ日）」とも言うらしく、「ノヌン ナリ オンジェイェヨ?」でもOK。もっとカジュアルな言い方なら「オンジェ ノラヨ?（いつ遊べる?）」。祝日が日本と違うから聞いてみるといいね。

ヨルラカルケヨ
연락할게요

「～するよ」というのが「ハルケヨ」。韓国でもやっぱり携帯のメールは使用頻度が高い。「メールするね」だったら「メイルハルケヨ」。

○ 仕事が終わってみんなで打ち上げするときに
気前よくひと言。

ごちそうするよ

○ 大好きな彼が、プレゼントをくれた！

大切にするね

ネガ ネルケヨ
내가 낼게요

韓国ではデートのときは男性が払うのが一般的なんだって。そういうときは「チャル モグルケヨ(ごちそうになります)」だね。

チャル カンジカルケヨ
잘 간직할게요

おみやげをもらったり、記念品をもらったり、頂き物に対してお礼を言うときに使う言葉。「カンジク」には「心にしまう」という意味がある。

チョンマルワンポイントレッスン-2
早口言葉

醤油工場の工場長は
カン工場長で
味噌工場の工場長は
コン工場長です

庭に広げた豆のさやは
むいた豆のさやか
むいてない豆のさやか

僕が描いたキリンの絵は
長いキリンの絵で
君が描いたキリンの絵は
長くないキリンの絵だ

チョナンも挑戦した韓国の早口言葉。
リズムをとりながらトライすれば、意外に簡単だよ。

간장공장 공장장은
カンジャン コンジャン　　コンジャンジャンウン

강 공장장이고
カン　　コンジャンジャンイゴ

된장공장 공장장은
テンジャンコンジャン　　コンジャンジャンウン

공 공장장입니다
コン　　コン ジャンジャンイムニダ

뜰에 깐 콩깍지는
トゥレ　　カン　　コンカクチヌン

깐 콩깍지인가
カン　　コンカクチインガ

안 깐 콩깍지인가
アン　カン　　コンカクチインガ

내가 그린 기린 그림은
ネガ　　クリン　　キリン　　クリムン

긴 기린 그림이고
キン　キリン　　クリミゴ

니가 그린 기린 그림은
ニガ　　クリン　　キリン　　クリムン

안 긴 기린 그림이다
アン　ギン　キリン　　クリミダ

ハングル
moreフレーズ-2

韓国には熱い部分と柔らかい部分を併せ持っている人がたくさんいて、コミュニケートするのがとても楽しい。表現がストレートだし、映画やドラマでも、そんなシーンが多いよね。僕が韓国の映画でラブフレーズを言うとしたら…。「チキョジュルケヨ（守ってあげるよ）」っていいよね。それからやっぱり「サランヘヨ（愛してる）」かな。

○　　　　大好きな人の目を見てひと言！

君だけを愛してる

○　　　　やっと想いが通じたときにひと言。

永遠に一緒にいたい

○　　　旅先で親しくなったあの人に偶然会えた！
　　　　これってひょっとして…。

運命的な出会いだね

ノマヌル サランヘ
너만을 사랑해

シンプルに言うときは、おなじみの『サランヘヨ』。「私のこと愛してる?」と聞くなら、『ナ サランヘ?』。万が一、恋人と別れるときには、『サランヘッソ(愛してたよ)』なんてね。

ヨンウォニ カチ イッコシポ
영원히 같이 있고 싶어

熱烈なセリフに聞こえるけれど、デートの帰り道とかに、韓国の男性は彼女にこういうことをささやいているのだ。もしこう言われたら、彼の目を見つめ返しながら『チョドヨ(私もよ)』と言ってあげて。

ウンミョンジョギン マンナムガテ
운명적인 만남 같애

相手のことを「運命的な女」と言うなら、『ウンミョンジョギン ヨジャ』。こういう甘いこと、ホントに韓国の男性は言うんだよね。ニッポン男児もウカウカしていられないぞ。

○ 夜中に恋人と長電話。
声を聞いていたら顔が見たくなって・・・。

今すぐ会いたい

○ 彼女に告白をしたチョナンですが、
どうにも反応が悪いときにひと言。

僕だけを見て!

○ デート中、食堂でビビンバを食べてる二人。
彼がスプーンを差し出してひと言。

アーンして

チグム タンジャン ポゴシポヨ
지금 당장 보고 싶어요

もし本当に深夜に会いたくなったとき、ソウルでは地下鉄は深夜12時くらいに終了するけれど、日本よりタクシー代は安いので、思い切ってタクシーで駆けつけてみるのも、いいかもよ。

ナマン ボァ！
나만 봐！

もちろん女性から男性に言うのもOK。相手をしっかりつなぎ止めておきたいときは、「タン ヨジャ ポジマラヨ（ほかの女を見ないで）」と、相手の目を見て強く言っておくべき。

アー ヘ
아 해

日本だとこういうこと、二人っきりならするかもしれないけれど、レストランとかではあんまりしないよね。そこはお国の違い、韓国ではどこでもカップルはやってます。でも、やっぱり日本人には照れくさい？

○ デート中、一緒に歩いている姿を
ふとガラス越しに見てひと言。

お似合いだよね?

○ 誕生日に、ケーキを焼いてあげたあなた。
感動して彼が言った言葉は・・・。

君は最高!

○ 愛する彼女にプロポーズ。
「結婚してください」につけ加えたいひと言。

ずっと大切にするよ

チャル オウルリジョ?

잘 어울리지요?

こんなとき以外にも、洋服が似合う、ヘアスタイルが似合うなどにも使える言葉。
ちなみに「似合わない」は、『アン オウルリョヨ』。

ニガ チェゴヤ!

니가 최고야!

『ニガ』は「君は」、『チェゴヤ』は「最高」。「僕は最高！」と言いたいときは、『ネガ チェゴヤ！』。

アッキゴ サランハルケ

아끼고 사랑할게

『アッキゴ』は「大切にする」、『サランハルケ』は「愛します」。愛する人に対して言うなら、『ノルル アッキゴ サランハルケ（君を大切にするよ）』とかがベター。

○ すごーく好みの女の子に出会っちゃった。
彼女の後ろ姿を見送りながらひと言。

恋しちゃった・・・

○ デート中、友達にばったり。
目配せする友達にそっとひと言。

特別な人

○ 初デートの日、
超かわいく着飾った彼女にひと言。

センスがいいねー

サランハナボァ…

사랑하나 봐…

「恋に落ちる」にすると『サランエ パジョッソヨ』。一目惚れは『チョンヌネ パネッソヨ』。一気に恋に落ちる、という意味。

トゥクピョラン サラム

특별한 사람

こんなことを大好きな人に、それも友達の前で言われたらもう大変！『キッポヨ（うれしい）』と言って抱きついてあげよう。

センス インヌンデ

센스 있는데

最近は「一番」とか「超」などの意味で、「チャン」という言葉もよく使われる。例えば『モム チャン』で「ナイスバディ」、『オル チャン』で「イケメン」など。

チョナン・カンのハングルナビ-3
街角編

明洞周辺の食堂にはよく行くよ。韓国にはおいしいお店が多いから、いつも楽しみなんだよね。それにお酒も。「スルゴレ」って言葉があるんだけど、スルがお酒という意味で、ゴレっていうのがクジラ。つまりクジラのような酒飲みだっていうことなんだけど、なんだかおもしろいでしょ。日本にはない表現だから、結構気に入っている…。

○ ソウルの街を、右から左に行ったり来たり。
どことなくグッタリした友達にひと言。

のど渇いた?

○ おいしいお店や楽しいブティック。
すっかりソウルに詳しいチョナンにひと言。

よく知ってるね

モンマルラヨ?

목 말라요?

韓国では歩きながらでも食べたり飲んだりするよ。ちょっとのどが渇いたり小腹がすいたら、『ポジャンマチャ(屋台)』やコンビニで調達しよう。ペットボトルの値段は、日本とほぼ変わらない価格帯だよ。

チャル アネヨ

잘 아네요

目上の人に言うならば、『チャル アシネヨ(よくご存じですね)』がベター。逆に何かについて『アセヨ?(知ってる?)』と聞かれて、あなたがよく知らなかったら『チョニョ モルラヨ(全然知らない)』と答えよう。

○ 水産市場に魚を食べに来た。でもお店が多すぎて
選べない。そんなときは彼女の意見を聞こう。

どのお店がいい?

○ 街を散歩中、お客さんでにぎわうカフェを発見。
友達にお店の評判を聞くときには。

あのカフェはどう?

オヌ カゲガ チョウルカヨ?
어느 가게가 좋을까요?

『カゲ』はお店。そこをもう少し具体的にするなら、『シクタン（食堂）』『洋服屋（オッカゲ）』などに入れ替えてみて。

チョ カペヌン オッテヨ?
저 카페는 어때요?

昔韓国では喫茶店のことを『タバン（直訳で茶房）』と言っていたんだけど、最近人気のおしゃれなカフェは、『カペ』。大学路や狎鴎亭など、若者の街には、おしゃれなカフェがたくさんあるよ。

○ アツアツのおでんを口にほおばった瞬間···。

熱ッ!

○ 地元の女の子と友達に。
知らない場所に連れていってほしいときにひと言。

案内して!

トゥゴウォ!
뜨거워!

チゲや石焼きビビンバ、参鶏湯など、辛い上に、熱いメニューが多い韓国料理。熱かったらこう叫んでみて。「熱くて食べられない!」だったら『トゥゴウォソ モンモッケッソ!』。

アンネヘジョヨ!
안내해 줘요!

『アンネ』が「案内」の意味。「ソウル市内を案内して」は、『ソウルシネルル アンネヘジョヨ』。逆に、自分が相手を案内してあげるというのであれば、『アンネハルケヨ』。

○ 街中で見かけるキャラクター。
持っている子に聞いてみた。

流行ってるの?

○ 人気のお店の話を耳にして
いてもたってもいられず…。

どこにあるの?

ユヘンイエヨ?

유행이에요?

「流行」は「ユヘン」。同じような意味だと、「人気あるの?」という言い方をする場合は、『インキ イッソヨ?』。どっちも同じような意味だね。

オディエ イッソヨ?

어디에 있어요?

例えばトイレがどこか知りたいなら、『ファジャンシル(トイレ) オディエ イッソヨ?』と、センテンスの前に、知りたい場所をつけるだけでOK。

○ 一日たっぷり働いたあとに出るのは
やっぱりこんなひと言。

かなり腹ペコ

○ 今日はおいしいビビンバのお店に行く予定。
道中バッタリ会った友達にひと言。

一緒にどう？

トェゲ ペゴパヨ

되게 배고파요

「トェゲ」のように、「かなり」とか「すごく」を表す言葉はハングルにはたくさんある。「ノム ペゴパヨ」や「ムジ ペゴパヨ」など、いろいろ入れ替えてみるのもおもしろいよね。韓国ではおへそのことを『ペコプ』って言うんだって。

カチ カルレヨ?

같이 갈래요?

直訳すると、「一緒に行く?」という意味なのだ。例えばご飯や映画など、どこかに行くときに相手を誘うのに、使うフレーズ。

○　話題のスターの新しい映画が完成！
　　友達に勧めるときにひと言。

チェックしてみて

○　あちこち歩き回っていたらすっかりいい時間。
　　行きたかったお店の閉店時間が気になる！

まだ間に合う？

チェクヘボセヨ
체크해 보세요

「~ボセヨ」は、その前に動詞をつけて、「~してみて」という意味。「イゴ モゴボセヨ」なら「これ食べてみて」。人におすすめするときに便利な言い回しだから、覚えておくといいよ。

シガナネ カルス イッソヨ?
시간 안에 갈 수 있어요?

間に合わなさそうで急ぎたいときには、『イジェ シガン オプソヨ!(もう時間ないよ!)』と、友達を焦らせよう。でも韓国では洋服屋、食堂、サウナまで、なぜか24時間営業の店が多いから、そんなに焦らなくても平気かも。

○　　　　次に行きたい食堂の場所を確認。
　　　意外に近い場所にあると知ってひと言。

歩いていく？

○　　　　友達が超かわいいブーツを履いていた。
　　　私も欲しい！　そんなときにひと言。

どこで買ったの?

コロガルレヨ?

걸어갈래요?

『コロガタ』が「歩いていく」という意味。動詞のあとに『〜ルレ?』をつけると、「〜する?」という提案の文章に。『テクシ タルレ?』で、「タクシー乗ってく?」。韓国のタクシーは日本より安いから、歩くよりラクチンで便利!

オディソ サッソヨ?

어디서 샀어요?

これが言えたら、街中でかわいい服を着ている人を見かけたときにも声がかけられるはず! 尋ねられたときには、例えば百貨店で買ったのだったら、『ペクァジョメソ サッソヨ(百貨店で買いました)』と答えよう。

韓国式かるめ焼き

韓国式スイートポテト

ポプキ
뽑기

砂糖と重曹で作る日本のかるめ焼きに似ている。でも一味違うのは、最後の仕上げ。おじさんがいろんな形で押し固めてくれる。きれいに型を残して食べると、もう一枚くれるところもあるんだって。トライすべし！

コグマティギム
고구마튀김

ファストフードの定番。さつまいもでできた甘いお菓子。映画館の隣で売っていることが多く、一袋2000ウォンぐらい。おやつ代わりにいかが？

韓国式たいやき

韓国式おでん

ブンオパン
붕어빵

形を見たらわかるかな？ 実は「タイ」ではなく「フナ」。たいやきよりちょっと小ぶりで4つで1000ウォン程度。中にあんこが入っているよ。

オデン
오뎅

韓国の街のあちこちにある屋台、ポジャンマチャ。そこで絶大な人気を誇るメニューの一つがおでん。と言っても日本のおでんとは似て非なるもので、魚のすり身を長い串に刺してスープで煮込んだもの。ぜひお試しを！ 1本500ウォンくらい。

チョンマルワンポイントレッスン-3
エステ＆ビューティ

エステ／アカスリ編

ハンジュンマク（汗蒸幕）やテミリ（アカスリ）など、ソウルには試してみたい美容スポットがたくさん。そこで役立つ便利な言葉をご紹介。アジュムマ（おばさん）とコミュニケートしてみよう。

優しくお願い	→	**サルサル ヘジュセヨ** 살살 해 주세요

初めてなんです	→	**チョウミエヨ** 처음이에요

もっと強く	→	**ト セゲヨ** 더 세게요

痛すぎます	→	**ノム アパヨ** 너무 아파요

くすぐったい	→	**カンジロウォヨ** 간지러워요

韓国に行くなら絶対にトライしたいエステやアカスリ。
これらのフレーズはきっと必要になるから、覚えていて！

ビューティ編

今、大注目の韓国の俳優たち。彼らのスタイルにトライしたいなら、ぜひ地元の人気美容院を訪ねよう。アプクジョンドンやチョンダムドンあたりが人気スポットらしいよ。

カットを お願いします	→	**モリ チャルラジュセヨ** 머리 잘라 주세요
ヘアスタイルを 変えたい	→	**ヘオスタイルル バックゴ シポヨ** 헤어스타일을 바꾸고 싶어요
〜さん みたいにね	→	**〜 チョロム ハゴシポヨ** 〜처럼 하고 싶어요
満足！	→	**マンジョケヨ！** 만족해요！
キレイになったね	→	**イェッポジョンネ** 예뻐졌네

○ お店にディスプレイしてある服が気になるとき、
店員さんにひと言。

これ見ていいですか

○ 気に入った洋服、着てみたいときにひと言。

試着してみて
いいですか?

イゴ ボァド ドェヨ?

이거 봐도 돼요?

同じ意味で、「これ見せてください」という言い方なら「イゴ ポヨジュセヨ」。「イゴ（これ）」を「クゴ（それ）」、「チョゴ（あれ）」に言い換えても使えるよ。

イボ ボァド ドェヨ?

입어 봐도 돼요?

こう尋ねると店員さんは、「イェー（ハイ）」とか「ムルロン（もちろん）」などと答えてくれます。ちなみに「試着」のハングル読みは「シチャク」って言うんだけれど、あまり使わないそう。

○ 着てみたところ、どうも大きい。
サイズ違いが欲しいときに。

小さいサイズは
ありますか

○ デザインや色など、なかなか気に入ったけどう〜ん、どうしようかな、というときにひと言。

悩むなぁ・・・

チャグン サイズ イッソヨ?
작은 사이즈 있어요?

靴や洋服を選ぶとき、大きさを言えると話が早い! 「チャグン」が「小さい」。反対に大きいは『クン』。「もっと小さい」なら『ト チャグン』、「もうちょっと小さい」は『チョグム チャグン サイズ』になる。

オットケ ハジ…
어떻게 하지…

悩む、というよりはちょっと考える、「どうしようかなぁ…」というようなニュアンスのセリフ。韓国の店員さんは結構強引な人も多いから、悩んでいるとグイグイ押してくるので注意! しっかり考えて買い物しよう。

○ いろいろ考えたけれど、買うことに決めた！

これにします

○ あの子が気に入りそうなものを発見。
贈り物にしたいときにひと言。

プレゼントにしたい

イゴルロ ハルケヨ
이걸로 할게요

英語で言うなら「this one please」。もっとストレートに「これ買います」なら、「イゴ サルケヨ」でもOK。

ソンムルハゴシポヨ
선물하고 싶어요

「誕生日のプレゼントにしたい」なら、「センイル ソンムル ハゴシポヨ」。韓国の男性はすっごく贈り物好き。好きな女の子にはアクセサリーやら何やら、いろいろプレゼントしてくれるらしい。韓国女性は幸せだね。

○ たくさん買い物しすぎて持てない！
そんなときは配達を頼もう。

ホテルに届けて くれますか?

○ 買い物終了！
店員さんに声をかけてからお店を出よう。

どうも!

ホテルカジ ペダルヘ
ジュシゲッソヨ?

호텔까지 배달해 주시겠어요?

「ペダル」が日本語の「配達」。旅行者のため、ホテルに届けてくれるサービスをしているところがあるので、ぜひ聞いてみて。

マニ パセヨ!

많이 파세요!

直訳すると、「いっぱい売ってね!」という言葉。「商売繁盛!」みたいな感じかな。食堂でも洋服店でも、お店を出るときはみんなこう言うよ。もちろん「カムサハムニダ(ありがとう)」でもOK。

チョナン式 ハングル・マスター術-3
使えるフレーズ → ドェヨ&オディエヨ

「ドェヨ」でのりきるハングル

「ドェヨ」は、語尾を上げれば「〜してもいいですか?」という疑問形、下げれば「〜してもいいです」という許可の意味が出る言葉。必ず直前に動詞をつけて使おう。もっと丁寧だと「〜ドェムニッカ?」、逆に友達同士でよりカジュアルに言うなら、「〜ドェ?」でもOK。これを覚えると、人に声をかけることがより楽しくなるよ。

写真を撮っても
いいですか?
→ **サジン チゴド ドェヨ?**
사진 찍어도 돼요?

トイレを使っても
いいですか?
→ **ファジャンシル ソド ドェヨ?**
화장실 써도 돼요?

注文しても
いいですか?
→ **チュムンヘド ドェヨ?**
주문해도 돼요?

ここに座っても
いいですか?
→ **ヨギ アンジャド ドェヨ?**
여기 앉아도 돼요?

電話を使っても
いいですか?
→ **チョナ ソド ドェヨ?**
전화 써도 돼요?

窓を開けても
いいですか?
→ **チャンムン ヨロド ドェヨ?**
창문 열어도 돼요?

タバコ吸っても
いいですか?
→ **タムベ ピウォド ドェヨ?**
담배 피워도 돼요?

旅先ではちょっとしたことが、会話のきっかけになるよ。
思い切って声をかけるために、こんなフレーズはいかが?

「オディエヨ」でのりきるハングル

何かの場所を尋ねるときに使うのが、「オディエヨ」という言葉。英語の「where」と意味は同じだ。使い方は、知りたい場所の後にこの「オディエヨ?」をつけるだけでOK。あとは単語力をアップさせれば、どんな場所でもたどり着けるようになるはず。もちろん相手に尋ねるときは、語尾は上げ気味にね。

| 席はどこですか? | → | **チャリ オディエヨ?** 자리 어디예요? |

| 入り口はどこですか? | → | **イプク オディエヨ?** 입구 어디예요? |

| 銀行はどこですか? | → | **ウネン オディエヨ?** 은행 어디예요? |

| 駅はどこですか? | → | **ヨク オディエヨ?** 역 어디예요? |

| 美容院はどこですか? | → | **ミジャンウォン オディエヨ?** 미장원 어디예요? |

| 映画館はどこですか? | → | **ヨンファグァン オディエヨ?** 영화원 어디예요? |

| エレベーターはどこですか? | → | **エルリベイトゥ オディエヨ?** 엘리베이터 어디예요? |

旅館

ハンコ屋さん

ヨグァン
여관

路地などでよく見かけるこのマークは旅館のこと。オンドル（床暖房）に布団を敷いて寝るスタイルが多い。値段はだいたい4000円前後が平均。『パン イッソヨ？（部屋ありますか？）』と聞いてみよう。間違っても温泉じゃないよ。

トジャン パヌン ゴッ
도장 파는 곳

韓国も日本同様ハンコの文化。ちょっとした契約から大事な取引まで、ハンコが必要なのだ。街のハンコ屋さんは、ハンコはもちろん名刺の印刷などもしてくれる、庶民のビジネスセンター。仕上りが早いので、おみやげにいいかも！

派出所

バス停

パチュルソ
파출소

日本の交番と同じように、警棒を持って警察官が立っています。でも、日本のように気軽に道を聞くような場所ではないらしい。何か被害に遭ったときにしか、韓国の人は行かないようだ。

ポス チョンニュジャン
버스정류장

市民の足として一番人気の『ポス(バス)』。市内を走る一般バスには一般バス(イルバンポス)と座席バス(チャソクポス)がある。でも車が多いので、必ずしもバス停の前にピタッと止まらない。バスをめがけてみんなが走る様は、結構おもしろいよ。

地下鉄

タクシー乗り場

チハチョル
지하철

路線ごとに色分けがされていて、さらに駅には番号がついているので、ハングルが読めなくても地下鉄は結構簡単。新型車両にはテレビがついていて、普通にドラマとかが放送されているよ。

テクシ タヌン ゴッ
택시 타는 곳

街中に実はタクシー乗り場ってあまりない。なぜならソウルはタクシー天国なので、どこでもすぐ捕まるのだ。黒い車体の『モボムテクシ（模範タクシー）』と『イルバンテクシ（一般タクシー）』の2種類があり、料金が違う。

チョナン・カンの ハングルナビ-4
エンタメ編

チョナン・カン主演の『ホテルビーナス』が韓国でも公開されたよ！次の目標はもちろん韓国の映画やドラマの出演。「男の友情」なんかがテーマの感動作にトライしたいなあ…。それまでに、もっともっと言葉を磨いておかなくちゃ。感情が高ぶったときの表現って、思った以上に難しいんだよね。ぜひ、映画の感想を聞かせて。

○ すごくおもしろいコメディ映画を見てひと言。

超ウケる!

○ ドラマを見て、涙が止まらない！
隣で見ている友達に同意を求めるときにひと言。

グッときますよね

チンチャ ウッキンダ！
진짜 웃긴다！

韓国の映画やドラマにはコメディも多数ある。でも、笑いのツボは日韓では結構違うらしく、日本人が見てもあまり笑えないかも…。ちなみに『超むかつく！』だったら、「チンチャ ファナンダ！」だそうで。

カスミ チンヘジネヨ
가슴이 찡해지네요

「心がじぃんとするよね」というこのフレーズ。感動して胸に何かがこみ上げてきたときに使ってみて。

○ 「なんでその映画見に行ったの?」と
尋ねられたときにひと言。

なんとなく・・・

○ チョナンがニューシングルを発売しました。
ファンのみんなにひと言。

聴いてみてね

クニャン…
그냥…

なんで自分でそうしたのか、理由がよくわからないときに使いたいひと言。「クニャン ウルゴ シポソ（なんとなく泣きたくて）」という使い方もできるよ。

トゥロボァジュセヨ
들어봐 주세요

聴いてほしいものが具体的にあるなら、それを前につけよう。「僕の新曲聴いてね」だったら、「ネ ノレ シンゴクゥ トゥロボァジュセヨ」。

○ 悲運の恋を描く小説を読み終えた。
友達に感想を求められひと言。

悲しかった

○ 予告編が超おもしろかったので、
期待して見に行った映画だったのに…。

つまらなかった

スルポッソヨ
슬펐어요

ほかに気持ちを表す言葉は、『チュルゴウォッソヨ（楽しかった）』『キッポッソヨ（うれしかった）』などがあるよ。

ビョルロヨッソヨ
별로였어요

「あんまりだった」とか「期待はずれ」というなかなか厳しい言い回し。ほかに「シシヘッソヨ」「チェミ オプソッソヨ」などもあるよ。

○ みんなが別の話をしているけれど、
昨日見た映画の話題に変えたいときにひと言。

ところで

○ 超幸せなストーリーの映画を見た。
友達に勧めるときにひと言。

ハッピーになれるよ

クロンデ
그런데

文と文の接続に使う言葉。日本語で言うなら「だけど」みたいに、軽い感じで使ってみよう。「クロチマン」なんかも、「でもね～」みたいに使うといいよ。どちらも使いこなすと、なんだか会話上手に聞こえるぞ。

マウミ フヌネジョヨ
마음이 훈훈해져요

「マウム」が「心」、「フヌネジダ」が「温まる」。「幸せになれるよ」だったら「ヘンボケジルコエヨ」。口説き文句としても使える?

○　友達から強く勧められた映画。
　　出演陣が気になるときにひと言。

誰が出てるの?

○　友達が芝居のチケットを取ってくれた。
　　待ち合わせのために開演時間が知りたい。

何時から?

ヌガ ナオヌンデヨ?

누가 나오는데요?

これは簡単な言い方。もう少しレベルを上げると、『ヌガ チュリョンハヌンデヨ?(誰が出演していますか?)』。答えるときは、「チョナンが出演しています」だったら、『チョナニ チュリョンヘヨ』。

ミョッシブト?

몇 시부터?

『ミョッシ』が「何時」。「何時まで?」は「ミョッシッカジ?」。人に時間を聞きたいときは、『チグム ミョッシエヨ?』で、「今何時?」。ちなみに時間は「シガン」と言うよ。

○ どんな映画が好きなの？
と聞かれてひと言。

ラブストーリーが好き

○ 大の苦手のホラー映画に誘われちゃった。
断るとき、なんて言ったらいいだろう…。

それはちょっと…

メルロヨンファルル チョアヘヨ
멜로영화를 좋아해요

ラブストーリーのことを韓国では『メルロ』と言う。語源はいわゆるメロドラマからきているのだとか。もし相手にどんな映画が好きなのか聞きたいときは、『ムスン ジャンヌ ヨンファルル チョアヘヨ?』。

クゴン ジョム…
그건 좀…

もちろんこれは「イヤだ」という意思表示。でも、韓国はハッキリさせるのが良しとされる文化。ここは思い切って『シロヘヨ』で、「嫌いです」と主張してみるのもいいのでは。

○ 盛り上がらないなぁ〜と思ったまま、
映画があっさり終わってしまったときにひと言。

これで終わり？

○ 映画館の前を通りがかったら、
やけにたくさんの人。それを見てひと言。

話題作なんだ

イゲ クチャ?

이게 끝이야?

何がなんだかわからないまま、映画や物事が終了してしまったときに使いたいフレーズ。同じ「これで終わり?」でも、『イゴ プニエヨ?』は、「これしかないの?」というビックリしたニュアンスが入る。

ファジェジャギグナ

화제작이구나

「ファジェ」が「話題」という意味。「チョナンが話題よ」だったら、「チョナニ ファジェッコリエヨ」。もっともっと話題になりたいね!

○ 上映中うっかり目をつぶってしまった。
隣に座っていた友達がすかさずひと言。

寝てたでしょ?

○ 「チョナンが出てる映画ってどうなの?」と
人に聞かれたら、絶対こう答えて!

傑作ですよ

チョラッチョ?

좋았지요?

もし本当に寝てなかった、あるいは恋人の手前カッコつけたい人は、「アンジョラッソ！（そんなことないよ！）」と否定しましょう。ちなみに「泣いてたでしょ?」は、「ウロッチヨ?」。

コルチャギエヨ

걸작이에요

もっと思い入れをこめて言いたいなら、「ミョンジャギエヨ」で「名作です」。韓国では日本の2分の1以下のお値段で映画が観られるから、韓国語を覚えて映画館をハシゴしてもいいよね。

チョンマルワンポイントレッスン-4
ことわざ

ハングルを覚えようとがんばっている友達に
励ましのひと言。

ローマは
一日にして成らず

考えているだけでなかなか行動にうつせない友達に
後押しのひと言。

虎穴に入らずんば
虎子を得ず

上達してもなお勉強を怠らない
チョナンを見てつぶやくひと言。

実るほど
頭の下がる稲穂かな

チョナンが好きなことわざ。
始まりが肝心なんだって。

始まりが
半分

韓国ではクイズ番組にもよく出てくることわざ。
覚えておくと、友達に差をつけられるかも！

ロマヌン ハルアチメ
イルオジジ アナッタ
로마는 하루아침에 이루어지지 않았다

ホランイグレ トゥロガヤ
ホランイルル チャムヌンダ
**호랑이 굴에 들어가야
호랑이를 잡는다**

ピョヌン イグルスロク
コゲルル スギンダ
벼는 익을수록 고개를 숙인다

シジャギ パニダ
시작이 반이다

ハングル
moreフレーズ-3

みんな、一度にたくさんの言葉を覚えようとするから、難しいと思うんじゃないかな。普段日本語でも、そんなに難しい言葉なんて実は話していないでしょう。それと同じで、最初は一つでも通じる言葉があればいいんだよね。そして基本のフレーズさえわかるようになったら、それで十分。とっさに言葉が出てくるようになったら、かなり完璧だね！

○ 路地を曲がったら、いきなり車が飛び出してきた！
　ビックリしてひと言。

危ない!

○ 地下鉄に乗ってみたところ、なんだか逆方向？
　路線図を確認してひと言。

間違えた!

○ 買い物をしようとしてカバンを見たら、
　あれ、財布がない!?

財布を落としちゃった…

ウィホメ!
위험해!

韓国では「車が優先?」と思うほど運転が乱暴。歩行者だから避けてくれる…なんて思っていると、車がすぐそばを通りすぎたりするから注意しよう。

チャルモタッソヨ!
잘못 탔어요!

『チャルモッ』が『間違えて』、『タッソヨ』が『乗った』。必ず後ろに動詞をつけて使うんだって。間違えて買っちゃった場合は、『チャルモッサッソヨ』だよ。

チガブル イロボリョッソ…
지갑을 잃어버렸어…

『チガブ』が財布。こういうときは、派出所か警察に届けるのがいちばん。でもあまり出てくることは期待しないほうがいいかも。ただソウルは意外と治安のいい街だから、スリとかの心配はあまりないよ。

○ 「昨日、なんで待ち合わせに来なかったの?」と
友達に言われて、ハッとしたらこう言おう。

忘れてた!

○ 地図を片手に歩いているのに、
どうしても目的地にたどり着かない。

迷っちゃった

○ 友達が具合が悪くなってうずくまっちゃった。
周りの人に助けてもらいたいときにひと言。

誰か!

カンパケッソヨ！

깜빡했어요！

よく使うのは、「約束忘れてた！」で「ヤクソグル イジョッソヨ」。相手に「ヤクソグル イジョッチヨ？（約束忘れてた？）」と言われてしまったら、「イジョボリョッソヨ！ ミアネヨ！（忘れてた！ ゴメン！）」と謝りましょう。

ヘメネヨ

헤매네요

「道に迷った」は「キルル ヘメッソヨ」。この「ヘメダ（迷う）」は、考えあぐねる、というような場合にも使えるよ。

ヌグ オプソヨ！

누구 없어요！

韓国の人はみんな親切なので、大声で叫べば誰かしら助けに来てくれます。ほかにも「ヨギヨ！（ここです！）」と叫ぶのも効果的。

○ 乗りたいバスがバス停に止まっている。
ドアが閉まりそう、そんなときにひと言。

走れ!

○ 「飛行機に乗ったら、隣がチョナンだった」
と友達が言ったときに返すひと言。

ウソ!

○ ああ、なんだか絶体絶命!
危機的状況に陥ったら、とにかくこう叫んで。

助けて!

ティオ!
뛰어!

「早く走って!」だったら『パルリ ティオ!』。もうちょっと気楽に誘う感じで言うならば、『ティオガジャ(走っていこう)』がベター。

ポン!
뻥!

「ウッソ〜」とか、軽い感じのニュアンスで、若い人が使う言葉。『ポンチジマ』なら「うそつくなよー」みたいな。目上の人には『コジンマル』を使うといいね。

サルリョジョヨ!
살려줘요!

英語で言う「help」。『サラム サルリョヨ』と言うと、「助けてください」という意味になって、より一層緊迫した雰囲気になるよ。

チョナン・カンのハングル上達術

1.
聞く

韓国に行くと、僕はずっとテレビやラジオをつけているんだ。何を言っているのかサッパリわからないような内容でも、よく聞いていると、なんとなく理解できるから不思議だよね。発音は難しいけれど、わからないときはすぐに周りの人に確認して、できるだけその場で解決するようにしているよ。

2.
話す

言葉が通じるって単純にうれしいこと。チャンスがあれば、僕はすぐに使うようにしているよ。できるだけ声にして、耳で言葉の違いを見つけていくんだ。それから外国人なんだからという開き直りも大切。少しくらい間違ったっていいって感じでね。ただ、ていねいな言い方を覚えようとは心がけているよ。最初にていねいな言い方を覚えてしまうと、あとは語尾を簡単にするだけだから、すごく楽だよね。

まだまだ勉強中という謙虚なチョナン・カン。どんな方法でハングルに親しんでいるのか、上達の秘訣を聞いてみよう!

3.
読む

日本ではハングルに接する機会が少ないけど、韓国に行くと街中にハングルがあふれているから、移動中の車の中で看板を読んだりするんだ。よく子供もするでしょう。意味もなく読むんだけど、ハングルは基本の形を組み合わせているだけだから、覚えてしまえば意外に簡単だと思うよ。

4.
書く

親しくなった韓国の友達に手紙を書いたりしているよ。やり取りをしているとときどき誤解が生じることもあって、きちんと言葉の意味を知らないといけないと思うけど、そういった誤解が後になってみるとおもしろかったりするよね。そういったことの積み重ねでだんだんわかってくる部分もあるし…。僕は体を全部使って、ハングルを覚えているような気がする。目、耳、口…そして手で。

チョンマルキソフレーズ!

はい	イェー 예
いいえ	アニョ 아뇨
はじめまして	チョウム ペプケッスムニダ 처음 뵙겠습니다
こんにちは	アンニョンハセヨ 안녕하세요
ありがとう	カムサハムニダ／コマウォヨ 감사합니다 / 고마워요
どういたしまして	チョンマネヨ 천만에요
ごめんなさい	ミアネヨ 미안해요
会えてうれしいです	パンガウォヨ 반가워요
さようなら（去っていく側）	アンニョンヒゲセヨ 안녕히 계세요
さようなら（見送る側）	アンニョンヒガセヨ 안녕히 가세요
おやすみなさい	アンニョンヒ チュムセヨ 안녕히 주무세요
いただきます	チャル モクケッスムニダ 잘 먹겠습니다
おいしそう	マシッケッソヨ 맛있겠어요
ごちそうさまでした	チャル モゴッスムニダ 잘 먹었습니다
わかりません	モルラヨ 몰라요
いくらですか?	オルマエヨ? 얼마예요?
何ですか?	ムォエヨ? 뭐예요?
何時ですか?	ミョッシエヨ? 몇 시예요?
お名前は?	イルムン? 이름은?
おいくつですか?	ミョッサリエヨ? 몇 살이에요?

日常会話に必ず出てくる基礎フレーズ。
何度も声に出して、カラダで覚えておこう!

なぜですか?	**ウェヨ?** 왜요?
もちろんです	**ムルロニエヨ** 물론이에요
好きです	**チョアヘヨ** 좋아해요
嫌いです	**シロヘヨ** 싫어해요
私は〜です	**チョヌン〜イムニダ** 저는〜입니다
みなさん!	**ヨロブン!** 여러분!
お母さん	**オモニ** 어머니
お父さん	**アボジ** 아버지
おじいさん	**ハラボジ** 할아버지
おばあさん	**ハルモニ** 할머니
おじさん	**アジョッシ** 아저씨
おばさん	**アジュムマ** 아줌마
もしもし	**ヨボセヨ** 여보세요
元気です	**コンガンヘヨ** 건강해요
辛い/甘い	**メウォヨ/タラヨ** 매워요 / 달아요
昨日/今日/明日	**オジェ/オヌル/ネイル** 어제 / 오늘 / 내일
1/2/3	**イル/イー/サム** 일 / 이 / 삼
1人/2人/3人	**ハンミョン/トゥーミョン/セーミョン** 한 명 / 두 명 / 세 명
1個/2個/3個	**ハンゲ/トゥーゲ/セーゲ** 한 개 / 두 개 / 세 개
1つ/2つ/3つ	**ハナ/トゥル/セッ** 하나 / 둘 / 셋

メザセ！トライリンガル!!
韓国語・日本語・英語

チョルゴウォッソ
즐거웠어

楽しめた？

Did you enjoy it?
ディジュ エンジョイット？

チャランダ！
잘 한다！

お見事！

Excellent!
エクセレンッ！

チュカヘヨ
축하해요

おめでとう

Congratulations.
コングラッチュレイション

チャランハル スイッソ
자랑할 수 있어

自慢できるよ

That's really something.
ザッツ リアリー サムスィン

トゥグンゴリョヨ
두근거려요

どきどきするなぁ

I am so nervous.
アイム ソー ナーヴァス

142

チョナンと慎吾のように、異国語会話を楽しもう！
世界がもっともっと広がるよ。

サングァノプソ
상관없어

へっちゃらだよ

It's a breeze.
イッツァ ブリーズ

オディエソ ペウォッソヨ?
어디에서 배웠어요

どこで習った？

Where did you learn that?
ホウエア ディジュ ラーンザッ？

ハル ス イッソ
할 수 있어

できるって

You can do it.
ユーキャン ドゥーイット

チンジョンヘ
진정해

落ち着いて

Calm down.
カーム ダウン

ヘボァ
해 봐

やってみて

Try it.
トライット

チョンマルブック -2

協力／株式会社フジテレビジョン
株式会社ジャニーズ事務所
「チョナン・カン2」のスタッフの皆さん
タカハタ秀太
白根淳子

韓国語監修／張銀英
(東京大学教養学部・講師)

韓国語アドバイザー／尹春江

編集協力／河野友紀・朴在嬉
Che, In Young・Park Sang Cheol・金順英

ブックデザイン／細山田デザイン事務所

ロゴマークデザイン／佐藤可士和(サムライ)

カタカナフォント(Astro-KT)
／Masayuki Sato(Maniackers Design)

撮影／若木信吾(帯) 天日恵美子(扉)

スタイリング／栗田泰臣

ヘアメーク／木村文一(RAIZ)

2004年11月26日　第1刷発行

著者／Chonan Kang
発行者／石﨑 孟
発行所／株式会社マガジンハウス
〒104-8003　東京都中央区銀座 3-13-10
販売部　TEL 03 (3545) 7130
編集部　TEL 03 (3545) 7030
印刷・製本所／東京書籍印刷株式会社

©2004 Chonan Kang Printed in Japan
ISBN4-8387-1558-7 C0076
乱丁・落丁本は小社販売部宛にお送りください。
送料小社負担でお取り替えいたします。
定価は表紙と帯に表示してあります。
本書の無断複製・転載・引用を禁じます。